BEI GRIN MACHT SICH IHR WISSEN BEZAHLT

- Wir veröffentlichen Ihre Hausarbeit, Bachelor- und Masterarbeit

- Ihr eigenes eBook und Buch - weltweit in allen wichtigen Shops

- Verdienen Sie an jedem Verkauf

Jetzt bei www.GRIN.com hochladen und kostenlos publizieren

Jane Laura Addams. Kampf um Gerechtigkeit und Frieden

Jenny Neufeld

Bibliografische Information der Deutschen Nationalbibliothek:

Die Deutsche Nationalbibliothek verzeichnet diese Publikation in der Deutschen Nationalbibliografie; detaillierte bibliografische Daten sind im Internet über http://dnb.d-nb.de abrufbar.

ISBN: 9783389092330
Dieses Buch ist auch als E-Book erhältlich.

© GRIN Publishing GmbH
Trappentreustraße 1
80339 München

Druck und Bindung: Books on Demand GmbH, Norderstedt Germany
Gedruckt auf säurefreiem Papier aus verantwortungsvollen Quellen

Das Buch bei GRIN: https://www.grin.com/document/1522789

HOCHSCHULE KOBLENZ

FACHBEREICH SOZIALWISSENSCHAFTEN

Studiengang: Bachelor of Arts Soziale Arbeit Präsenz

Hausarbeit

Modul 1: Propädeutik

WiSe 2022/2023

Jane Laura Addams –

Kampf um Gerechtigkeit und Frieden

Vorgelegt von: Neufeld, Jenny

Fachsemester: 2

Abgabedatum: 31.01.2023

Inhaltsverzeichnis

1. Einleitung

„When i grew up I should, of course, have a large house, but it would not be built among the other large houses, but right in the midst of horrid little houses."- Jane Laura Addams (Addams, 1910: 4f).

Im Alter von sechs Jahren, sagte Jane L. Addams diese Worte zu ihrem Vater. Sie hatte zum ersten Mal Armut erlebt, bei einem Besuch in der Nachbarschaft bei dem sie all die kleinen, grauen Häuser sah, die runtergekommen waren und hatte sofort ein Gefühl von Barmherzigkeit.

Addams fühlte sich verantwortlich für Menschen, denen es nicht so gut ging wie ihr. Sie war eine Pionierin ihrer Zeit, setzte sich ein für Minderheiten, Frauenrechte, Kinder, bessere Arbeitsbedingungen und ein allgemein besseres Leben für jeden. Sie versuchte sogar, eine allgemeingültige Friedenstheorie zu etablieren, die sich auf die gesamte Welt übertragen ließ. Addams verabscheute Krieg und war Teil, großer Friedens- und Frauenbewegungen. Sie wuchs in einem reichen Elternhaus auf, hatte Eltern mit politischem Einfluss und wurde dadurch, seit Beginn ihres Lebens, mit politischen Themen konfrontiert, was dazu führte, dass sie ein Bewusstsein hatte für die politischen Themen und sich damit kritisch auseinandersetzen konnte.

Addams hat viel bewirkt zu ihrer Zeit und doch verschwand sie lange Zeit aus der Literatur. „Ein sanftes Entschwinden einer Nobelpreisträgerin" (Staub-Bernasconi 1995: 25), wie Staub-Bernsaconi einmal sagte. Doch woran liegt es, dass sich in den letzten 100 Jahren kaum ein Autor mit ihren pazifistischen Ansichten beschäftigt hat? Waren ihre Theorien und Vorstellungen zu kontextbezogen, zu abstrakt oder unrealistisch? Ich frage mich, ob es einen Grund gibt, dass diese Friedenskämpferin lange Zeit in Vergessenheit geraten ist und setze mich in der folgenden Hausarbeit mit Addams Biografie, ihrem historischen Kontext, ihrer Settlement-Bewegung, der Problematik, die zu ihrer Zeit herrschte, ihrer Theorie und der Kritik zu ihr auseinander.

2. Jane L. Addams im biografischen und historischen Kontext

Ausgelöst durch Addams Vater, ihrem großen Vorbild lernte sie schon früh den Bezug zu Politik, demokratische Überzeugungen und das Interesse für öffentliches Leben kennen. Er machte sie auf die sozialen Probleme und Ungleichheiten in der Gesellschaft aufmerksam (vgl. Lambers 2020: S. 176).

Im Alter von sechs Jahren, lernte sie zum ersten Mal die „andere" Seite des Lebens kennen, bei einem Ausflug in die Nachbarschaft, in die ärmlicheren Viertel der Stadt. Schon da beschloss sie, wenn sie älter wäre, ein großes Haus zu haben aber nicht, neben all den anderen großen Häusern, sondern inmitten der kleinen heruntergekommenen Häuser, wie sie zu ihrem Vater sagte (vgl. Addams 1910: 4). Einige Jahre später erfüllte sie sich diesen Traum mit dem Hull-House welches als Unterkunft diente, für die Minderheiten der Gesellschaft.

Addams steckte viele Jahre in einer Sinnkrise. Sie schwankte zwischen dem wohlhabenden Materiellen und finanziell gesicherten Leben, dass ihre Familie ihr bieten konnte und dem Bedürfnis die Welt zu verändern (vgl. Lambers 2020: 177). Jane L. Addams entwickelte sich im Laufe ihres Lebens zu einer starken Frau mit politischem Einfluss die viele Dinge in Chicago beeinflusste und veränderte.

2.1. Biografischer Kontext Kindheit und Jugend

Jane L. Addams kam 1860 in Cederville Illinois, als eines von acht Kindern ihrer Eltern zur Welt. Addams Mutter starb zwei Jahre nach ihrer Geburt. Vom ursprünglichen einfachen Müller arbeitete Addams Vater sich zu einem vermögenden Landbesitzer, Bankdirektor und bedeutenden republikanischen Regionalpolitiker hoch. Er war ihr großes Vorbild und hatte einen großen Einfluss auf Addams gesamtes Leben. Seine Einstellungen und seine Haltung prägten ihr Denken und ihr Handeln. Als Addams acht Jahre alt war, heiratete ihr Vater zum zweiten Mal und Addams bekam zwei Stiefbrüder (vgl. Addams 1910: 4, Bormann/ Engelke/Spatscheck 2018: 176). Vorwiegend bekam Jane L. Addams in ihrer Kindheit Privatunterricht, bis sie mit 17 Jahren dann auf das Rockford College, ein religiös geprägtes Frauencollege, ging. Dort studierte sie unter anderem Geschichte, Philosophie, Mathematik und Sprachen. Sie gehörte zu der ersten Generation Frauen, die eine College Studium absolvieren durften. Ihr darauffolgendes Medizinstudium brach sie, aufgrund einer Rückenerkrankung und dem Tod ihres Vaters, letztendlich ab. (vgl. Salomon, 1919, 180ff, Habicht-van der Waerden, 1999,90ff).

2.2. Biografischer Kontext Erwachsenenalter

Addams war lange Zeit, nach Abbruch ihres Studiums, auf der Suche nach einem Lebensziel. Um diesem näher zu kommen, begab sie sich auf eine mehrmonatige Bildungsreise, lernte dabei neue Sprachen und nahm an Kunstseminaren teil. Auf ihrer Reise hörte sie auch zum ersten Mal etwas von der „Settlement-Bewegung". Diese sogenannten Settlements sollen Brücken schaffen zwischen den Klassen, durch Siedlungen inmitten von Armenvierteln. Sie war begeistert von der Idee, „mittendrin" zu sein und helfen zu können, wo die Not am größten war (vgl. Bormann/ Engelke/Spatscheck 2018: 176).

Am meisten geprägt hat sie jedoch ein Ereignis, welches sich an einem Samstagnachmittag in London abspielte. Das nicht verkaufte Obst und Gemüse wurde versteigert und ein in Lumpen gekleideter Mann, aß einen rohen, ungewaschenen Weißkohl, den er gerade ersteigert hatte. Das Bild von dem Mann prägte sich langfristig in ihr Gedächtnis und ließ sie eine Nutz- und Sinnlosigkeit in ihrem Leben erkennen (Addams 1910: 68).

Doch Addams zog sich zwischenzeitlich zurück, sie stand im Zwiespalt zwischen ihrem Anspruch und ihren realen Handlungsmöglichkeiten. In dieser Zeit, mit 25, ließ sie sich in einer presbyterianischen Kirche taufen und wurde dort Mitglied. Als Addams 29 war, zog sie mit ihrer Freundin und spätere Lebensgefährtin Ellen G. Starr in ein großes Haus in einem Elendsviertel von Chicago. Sie benannten es nach seinem Erbauer „Hull"-House. Dort hatten sie das große Ziel, am Leben der armen Bevölkerung teilzuhaben, ihnen aktiv zu helfen und ihr Leben zu verbessern. Durch praktisches Tun wollten sie ein Gleichgewicht zwischen Denken und Tun herstellen. Nach einiger Zeit hatten sie viele Mitarbeiter:innen die gemeinsam mit ihnen gegen das Regime der Stadt Chicago kämpfen wollten. Die Resignation und Lethargie der Armen, das Desinteresse an der „niederen Klasse" und die Trägheit und Gleichgültigkeit der wohlhabenden Bürger:innen waren nur einige Punkte die die Mitarbeiter:innen des Hull-Houses angehen wollten (vgl. Bormann/ Engelke/Spatscheck 2018: 177). 1910 beschreibt sie die Entwicklung und Arbeit im Hull House in ihrem Werk „Twenty Years at Hull House". 1895 erhält sie die Doktorwürde der Universität Wisconsin. Viele Aufgaben und Ämter werden Addams angetragen: Sie wird unter anderem Müllaufsichtsbeamtin des 19. Chicagoer Stadtbezirks, Vizepräsidentin des nationalen Bündnisses der Frauenvereinigung, Mitglied des Chicagoer Kollegiums für Erziehung und Bildung, Mitglied der American Sociological Society, Mitbegründerin der nationalen Vereinigung zur Förderung farbiger Menschen, erste Präsidentin der National Conference for Charities and Correction (später umbenannt in National Conference for Social Work), erste Präsidentin der Vereinigung für das nationale Frauenstimmrecht, Leiterin der Vereinigung der Settlement- und Nachbarschaftszentren, Mitbegründerin der Frauen-Friedens-Partei, Präsidentin des Internationalen Frauenkongresses gegen den Krieg 1915 in Den Haag und Präsidentin der Internationalen Frauenliga für Frieden und Freiheit (1919) (Bormann/ Engelke/Spatscheck 2018: 177).

Addams publizierte neben ihren vielen praktischen Tätigkeiten auch einige wissenschaftliche Arbeiten und unterrichtet an verschiedenen Colleges. Unter ihren Publikationen sind Monografien und mehrere Aufsätze über soziale und politische Probleme. 1902 veröffentlichte sie ihre Monografie „Never Ideals of Peace" und 1922 „Peace and Bread in Time of War".

Obwohl Addams mit ihren Aktivitäten viel erreichte, viel sie immer wieder in eine Depression zurück, wegen der vielen Unzulänglichkeiten in ihrem Leben. Sie hatte immer noch nicht das Gleichgewicht gefunden zwischen ihrem „finanziell stabilen" und dem „ungesichertem Leben der Armen". Sie machte sich Vorwürfe und suchte Rat bei ihrem damaligen Freund Lew N. Tolstoi, einem bekannten russischen Schriftsteller. Tolstoi fasste damals den Entschluss, aufgrund der Hungersnöte in der Welt, dass ein Leben in materiellem Wohlstand nicht mehr vertretbar sei. Er lehnte seitdem jeden Luxus ab und lebte in ärmlichen Verhältnissen. Er warf Addams ihr – in seinen Augen luxuriöses Leben - vor. Addams konnte Tolstois Forderung in Armut zu leben nicht folgen und suchte von da an, ihren eigenen Weg ihres und das Leben der armen Bevölkerung zu vereinbaren, was sie durch das Hull-House und ihre vielen Organisationen und der Teilnahme an Friedensbewegungen auch schaffte. 1931 erhält sie als erste Amerikanerin den Friedensnobelpreis. Jane Addams stirbt 1935 in Chicago und wird an ihrem Geburtsort Cedarville beerdigt (Bormann/ Engelke/Spatscheck 2018: 178).

2.3. Historischer Kontext

Viele Faktoren führten dazu, dass Jane L. Addams zu einer Pionierin der Sozialen Arbeit und vor allem der Settlement-Bewegung wurde, doch ein großer Umstand war die rasant aufblühenden USA Anfang des 19. Jahrhunderts. Diese machte zu dieser Zeit in wirtschaftlicher, politischer, demografischer und sozialer Hinsicht eine enorme Entwicklung durch. Sie stieg in der Zeit von 1865 bis 1920 zu einer Weltmacht auf und erlebte eine enorme Bevölkerungsvermehrung. Die Bevölkerungszahl stieg in diesem Zeitraum von 31,3 Millionen auf 91,9 Millionen Menschen wovon 21 Millionen Menschen Einwanderer, aus hauptsächlich Europa, waren. Die, in kürzester Zeit wachsende Bevölkerungszahl, brachte einige Probleme mit sich. Es kam zu gewaltigen Klassenauseinandersetzungen, da die „wohlhabenden" Bürger:innen sich von den Armen aus den Elendsvierteln bedroht fühlten. Ein weiteres großes Problem dieser Zeit, war der enorme Konkurrenzkampf der Arbeitsuchenden da es nicht genug Arbeitsplätze für so viele Menschen gab. Somit konnte die Industrie die Löhne auf 300 Dollar im Monat drücken. Es gab nicht ausreichend Gewerkschaften, die sich für die Arbeiterklasse einsetzen konnten und so kam es, dass die USA immer mehr

Probleme bekam mit Korruption, Spekulation, Ausbeutung und Diskriminierung der Afroamerikaner:innen. Das war der Grund für Jane Addams und viele andere Frauen der Frauenbewegung tätig zu werden und für gerechte Arbeitsbedingungen zu kämpfen, die Wohnungsnot, untragbare hygienische Umstände, Mangel an Nahrungsmittel, politische Korruption und zunehmende Kriminalität zu beseitigen (vgl. Bormann/Engelke/Spatscheck: 174ff.).

3. Ausgangsproblematik

Die politische, wirtschaftliche und gesellschaftliche Situation in Chicago, die sozialen Probleme, die dort herrschen, sind Ausgangspunkt für Addams Überlegung zum Frieden. Die schlimme Situation der Hull-House Nachbarn in Verbindung mit der chaotisch wachsenden und korrupten Stadt Chicago sind Ursprung der empirischen Arbeit Addams, da sie der Meinung ist, dass soziale Probleme erfasst, reflektiert und auf dieser Grundlage Erneuerungen geschaffen werden können (vgl. Eberhart 1995: 5).

3.1 Soziale Probleme

Die sozialen Probleme in Chicago waren enorm. Addams beschäftigte sich mit den Ursachen der Armut und versuchte durch politische Wege diese zu beseitigen. Doch auch Prostitution, politische Korruption, Jugendkriminalität, Probleme der Immigranten, Hunger, Armut und vieles mehr waren Gründe, warum Addams sich für die Menschen einsetzte. Sie kämpfte für das Verbot von Kinderarbeit, für bessere öffentliche Dienste, für Gewerkschaften, für das Frauenwahlrecht und vor allem für den Frieden (vgl. Eberhart 1995: 1). Besonders im Bereich der Jugendarbeit fanden Addams und ihre Kolleg:innen besonderen Anklang da die Jugendkriminalität sehr hoch war. Sie boten Clubs, Sportgruppen, Handarbeits- und Kunsthandwerksgruppen für Kinder und Jugendliche an. Auch gegen Prostitution und Frauenhandel wurde viel unternommen. Sie forderte rechtliche, erzieherische und soziale Gegenmaßnahmen, um Prostitution und den Import von Mädchen entgegenzusteuern (vgl. Eberhart 1995: 140).

3.2   Hull-House als Grundlage

1889 zogen Jane L. Addams, ihre Freundin Miss Star und Miss Mary Keyser in eine, in die Jahre gekommene, alte Backsteinvilla inmitten des ärmsten Slumbezirks in Chicago (vgl. Addams 1910: 105). Finanzieren ließ sich das ganze durch Spenden.

Da Addams durch ihren Vater und Starr durch ihre Tätigkeit als Kunstlehrerin bereits wichtige Kontakte in der „Society" von Chicago hatten, viel es nicht schwer, Spender für ihr Projekt zu finden (vgl. Eberhart 1995: 24f.).

Das Ziel war es, durch Bildungsangebote, Kurse, Literatur, Jugendbeschäftigungen und Betreuung den enormen sozialen Problemen in Chicago entgegenzuwirken. Hull House wird zu einem internationalen Zentrum sozialer und kultureller Reformen sowie zum Gründungsort der sogenannten „Chicagoer Soziologie-Schule". Addams war der Auffassung, dass Bildung der Schlüssel zur Demokratie und somit zur Gleichberechtigung war. Aus diesem Grund war es ihr so wichtig, durch das Hull-House Bildung breit zugänglich zu machen, um den Menschen eine Chance zu geben, sich selbst helfen zu können. Unter anderem war es ihr wichtig, individuelle Hilfemaßnahmen anzubieten, was möglich war durch ihre Kolleg:innen, die sich mit den Familien und ihren Problemen beschäftigten, aber auch durch Kursangebote im Hull-House. Durch Gründung von Gewerkschaften und Aufklärung der Machtverhältnisse wollte Addams Diskriminierung und Rassismus entgegensteuern. Sie trat für die Menschen ein, indem sie ihnen half, für sich selbst einzutreten (Eberhart 1995: 66).

Durch das Hull-House möchte Addams ihr Handeln und Denken miteinander verknüpfen und Ungerechtigkeit und Unrecht aus der Welt schaffen. Sie möchte einen Mittelpunkt für ein kommunales und soziales Leben bilden, um die Lebensbedingungen der arbeitenden Bevölkerung Chicagos zu verbessern (Borrmann/Engelke/Spatscheck 2018: 179).

4. Jane L. Addams und Frieden

Schon früh zeigte sich bei Addams ein Sinn von Gerechtigkeit und ein Streben nach Frieden. Im Alter von sechs Jahren äußerte sie sich zum ersten Mal zu dem Leid der Elendsviertel und beschloss, eines Tages inmitten der ärmeren Bevölkerung leben zu wollen. Sie berichtet außerdem, von einem Verantwortungsgefühl, welches sie bereits seit Kindheitstagen angetrieben und motiviert habe (vgl. Bormann/ Engelke/Spatscheck 2018: 178). Sie hatte das Gefühl, „die Welt ein Stück weiter bringen zu müssen" (ebd.: 178). Addams hat es sich zur Aufgabe gemacht, „den Mittelpunkt für ein höheres kommunales und soziales Leben zu bilden; erzieherische und philanthropische Einrichtungen zu schaffen und zu fördern und die Lebensbedingungen der arbeitenden Bevölkerung Chicagos zu untersuchen und zu verbessern" (ebd.: 179). Gegenstand ihrer Arbeit ist, durch praktische Soziale Arbeit ein Gleichgewicht herzustellen zwischen ihrem Denken und Handeln. Besonderer Fokus ihrer Friedenstheorie ist es, Ungerechtigkeit und Unrecht aus der Welt zu schaffen und einen Frieden herzustellen, zwischen jedem Geschlecht, jeder Rasse, zwischen Unternehmen und Arbeiter und Frieden zwischen den Völkern (vgl. ebd.: 179). Auf dieser Grundlage entwickelte sie ihre Friedenstheorie.

4.1 Friedenstheorie

Die eigentliche Theorie ist keine richtige monografische Theorie. Sie entwickelte diese in der direkten Auseinandersetzung mit den konkreten Problemen Chicagos. Addams schrieb ihre Theorie im Kontext ihrer erzählenden Schriften über das Hull-House die den Versuch darstellt, zur Lösung der sozialen und industriellen Probleme beizutragen. Um zu einer Lösung gelangen zu können, stellte sich Addams zunächst die Frage, was die Probleme der Gesellschaft sind. Um das herausfinden zu können, muss jede soziale Arbeit, laut Addams, an der persönlichen Begegnung mit Armut und Elend ansetzen. Sie legte großen Wert auf präzise Daten über die tatsächlichen Zustände in den Elendsvierteln. Diese Daten wurden erhoben durch Hausbesuche der Hull-House Mitarbeiter:innen. Diese sogenannten „Maps and Papers" wurden zusammengestellt und statistisch ausgewertet. Folgende soziale Probleme wurden festgestellt: Ungesundes Wohnen, riesige Müllberge auf den Straßen und Hinterhöfen, giftige Abwässer, verdorbene Nahrungsmittel, unreine Milch, Ungeziefer als Krankheitsträger, unerträglicher Rauch in Wohngebieten, schlechte Luft, Ohrenbetäubender Lärm in den Fabriken und lebensgefährliche Arbeitsplätze. Aus diesen Problemen resultierten: hohe Säuglingssterblichkeit, verkrüppelte , unterernährte und kranke Kinder, Jugendliche und Erwachsene, keine Bildungsmöglichkeiten, Arbeitslosigkeit, Alkoholismus, Prostitution, Gewalt auf offener Straße, Raub und Mord. Addams war bewusst, dass diese Mittellosigkeit durch sozioökonomische, ökologische und kulturelle Umwelt mitbestimmt sind und die Menschen an ihrem Elend nicht selbst schuld waren. Um an diesen Problemen anzusetzen und diese zu bekämpfen, erforschte Addams mit anderen Mitarbeiter:innen des Hull-House die Bedingungen, die zu den offensichtlichen sozialen Problemen führen und die Möglichkeiten diese Probleme zu beseitigen. Forschungsthemen waren beispielsweise Analphabetismus bei Kindern und Jugendlichen, hohe Kindersterblichkeit, Jugendkriminalität, Drogenkonsum, Prostitution, Arbeitslosigkeit und Ernährung. Sie erklärte diese Probleme anhand dreier Erklärungslinien:

1.   *Die ökologische territoriale Aufspaltung der Klassen/Schichten*
Das erklärte sie so, dass soziale Probleme dadurch entstehen, dass Elendsviertel örtlich von der oberen Schicht getrennt werden. Sie werden zum Beispiel durch

Flüsse oder Fabriken getrennt und in Distrikte aufgeteilt. Die Segregation führt zu Entstehung von Elendsvierteln, da beispielsweise Bildung unter anderem vorenthalten wurde. Deswegen wurde das Hull-House inmitten der Elendsviertel gebaut.

2. Die männlich-militärische Organisation der Städte

Es herrschte die männliche Elite mit defensiv militärischem Leitbild der Stadt. Es beschränkte die Frauen auf das Familienleben und hinderte daran Armut zu bekämpfen, da die Stadt als Festung angesehen wurde und vor äußeren Feinden, wie auch inneren, also Kriminellen, Armen, Arbeitslose usw. schützen musste. Durch diese militärische Denkweise wurden wichtige Haushaltsaufgaben nicht erledigt, wie zum Beispiel der Ausbau von Kindergärten, Schulen oder Müllabfuhr. Sie waren nicht in der Lage hilfreiche Sozialordnungen aufzubauen, da die Ziele Eroberung und Ausbeutung und nicht soziale Stabilität waren.

3. Das Geschäftsinteresse internationaler Wirtschaftskonzerne

Das bedeutet, dass durch das Geschäftsinteresse der Wirtschaftskonzerne eine Anpassung der nationalen Gesetzgebung an die industrielle Problematik verhindert wird, laut Addams. Trotz einer hohen Arbeitslosigkeit missbrauchte die Industrie Kinder für gefährliche Arbeiten in den Fabriken. Es gab keinen gesetzlichen Arbeitsschutz und kein Verbot für Kinderarbeit. Beim Versuch dies zu ändern, stieß Jane Addams und ihre Kolleg:innen auf heftigen Widerstand. Der Grund dafür war Kapital.

Diese Umstände waren für Addams ein unzumutbarer Zustand, also entwickelte sie ihre eigene Friedenstheorie. Laut Addams ist das Haupthindernis zum Frieden die hohe Akzeptanz für den Krieg. Er wird von den Männern der Politik moralisch gerechtfertigt als wohltätige Aktivität, dass man dadurch die Zivilisation retten würde. Das hängt mit der hohen Destruktivität der Industriegesellschaft zusammen, also der zerstörerischen Geisteshaltung der Menschen. Um Frieden herzustellen, so Addams, muss diese Destruktivität überwunden und durch neue Ideale wie Empathie und Zusammengehörigkeit ersetzt werden. Laut Addams kann das nur auf wissenschaftlicher Grundlage entstehen, indem die sozialen Probleme mit wissenschaftlichen Methoden erforscht werden. Die notwendige Bedingung dieser neuen sozialen Ethik, sind soziale Empathie und Einfühlsamkeit, die sogenannte „kosmopolitische Liebe" wie Addams sie nannte. Das sollte auch das Ziel einer jeden

Regierung sein, nicht Ausbeutung und Kapital, sondern Frieden und soziale Gerechtigkeit (vgl. Bormann/Engelke/Spatscheck 2018: 180-186).

4.2 Persönliche Ziele und Auswirkungen auf die Soziale Arbeit

Ihr Ziel war es, den Menschen neue Lebenschancen zu bieten und zur Lösung sozialer und industrieller Probleme beizutragen, die durch die Lebensbedingungen der damaligen modernen Großstadt hervorgerufen wurden. Soziale Arbeit ist laut Addams weder politisch noch Propaganda, sondern baut auf einer Philosophie der Zusammengehörigkeit aller Menschen auf. Ihr Ziel war es, die Menschen dafür zu sensibilisieren, dass durch Empathie und Nächstenliebe eine bessere Gesellschaft geschaffen werden kann.

Auf diesem Grundsatz formulierte sie 3 konkrete Ziele aus.

Das war zum einen die *Demokratie ins Gesellschaftliche und bürgerliche Leben zu übertragen*, um den Menschen bewusst zu machen, welche Rechte und Möglichkeiten sie haben, zum anderen *zum Fortschritt der Menschheit beizutragen*, indem sie den Nichtgehörten eine Stimme gab und ihre Interessen vertrat und zu guter Letzt, war es ihr wichtig, *Christi Lehre aufzufassen und zu verbreiten* da sie selbst in einem christlichen Elternhaus großgeworden ist.

Um diese Ziele umzusetzen, nutzte sie ihre Kontakte in der Politik und schloss mit der Zeit Vereinbarungen, Verträge und Bündnisse zwischen Gruppen und Nationen, die dazu beigetragen haben, dass sich das bürgerliche Leben in der Großstadt veränderte und es unter anderem bessere Arbeitsbedingungen gab, die Kinderarbeit abgeschafft wurde und die Frauen mehr Rechte bekamen.

Ihr Lösungsansatz lag darin, sozialempirische Forschung zu betreiben und auf dessen Grundsatz neue Gesetzgebung anzusetzen. Das verband sie mit der praktischen Arbeit im Hull-House. Sie sammelte und dokumentierte soziale und industrielle Probleme und formulierte Lösungsansätze.

Auch heute noch findet man die Ansätze ihrer Sozialen Arbeit in unserem System wieder. Zum Beispiel das starke Verknüpfen von Theorie und Praxis, wie sie das mit dem Hull-House in Chicago etabliert hat. Alles, was sie tat, fundierte auf sozialempirischen Forschungsmethoden und aus der Reflexion ihrer praktischen Arbeit. Das ist auch in der heutigen Sozialen Arbeit ein fundamentaler Baustein. Zum anderen prägte sie die Verbindung von sozialer Gerechtigkeit, Sozialbewusstsein, Menschenrechten und Frieden (vgl. Bormann/Engelke/Spatscheck 2018: 184f.). Doch besonders wertvoll waren ihre Organisationen, die teilweise heute noch existieren und wichtige Arbeit leisten. Beispielsweise gibt es heute noch die „National association for the advancement of colored people (1909)" die sich besonders für die

Rechte der schwarzen Bevölkerung einsetzten und unter anderem erwirkten, dass 1954 der Oberste Gerichtshof entschied, dass die Rassentrennung an Schulen verfassungswidrig sei. Diese Organisation ist eine der ältesten und einflussreichsten schwarzen Bürgerrechtsorganisationen der USA. Zum anderen gibt es noch die „WOMEN´S INTERNATIONAL LEAGUE FOR PEACE AND FREEDOM (1905)" die sich noch heute für die Rechte von Frauen einsetzen. Sie ist die älteste internationale Frauenorganisation der Welt (vgl. Lambers 2020: 42).

4.3. Addams Kampf um Frieden und Gerechtigkeit

Addams setzt sich konsequent für die Friedensbewegung ein, kämpft gegen unfaire Arbeitsbedingungen und beschäftig sich intensiv mit der Frage der Frauenrechte und des Frauenwahlrechts. Daneben ist sie Mitbegründerin verschiedener Organisationen, die sich Frauen- und Arbeiter:innen sowie der Friedenbewegung widmen.

Laut Addams ist das Ungleichgewicht zwischen Männern und Frauen ein großes Problem und führt zu sozialer Ungleichheit und sogar Krieg, da Männer „männlich-militärisches" Kampf- und Eroberungsverhalten haben und somit für Krieg und Hunger verantwortlich sind. Sie nehmen, laut Addams, den Frauen Wahl- und Stimmrecht ab und benachteiligen Frauen aktiv, indem sie sie von politischen Ämtern ausschließen und ihnen die Rechte nehmen. Deshalb ist es ihr ein besonderes Anliegen, dass Frauen sich gegen die Männer und ihre Interessen durchsetzen und „ihre spezifischen Verpflichtungen für Brot und Frieden ernst nehmen" (vgl. Bormann/Engelke/Spatscheck 2018: 188), die da wären: Sättigung der Hungernden, für das kommunalpolitische Belangen ihrer Stadt einsetzen damit ihre Familien gut wohnen können, für die Schulen einsetzen, für eine gesunde Umwelt kämpfen, für eine adäquate Gesetzgebung zum Schutze der Kinder einsetzen, und um den Frieden kämpfen, da Frauen, laut Addams, aufgrund ihrer Beziehung zum Leben von jeher besser in der Lage sind Kriege zu verhindern (vgl. ebd.: 189).

Von 1890 bis 1930 gab es kaum eine progressive Reformbewegung, an der sie nicht aktiv teilnahm (Eberhart 1995: 1). Addams und das gesamte Hull-House mit all ihren Mitgliedern und Bewohner:innen, waren der Überzeugung, dass in einer solidarischen Organisation genug Stärke lag, um den Forderungen der Arbeiter gegenüber den Kapitaleignern genug Nachdruck zu verleihen (vgl. ebd.: 69).

5.   Kritik an Jane L. Addams

Jane L. Addams erhielt nicht nur Lob und Anerkennung von ihren Zeitgenossen. Zeitweise wurde sie als „rote Hexe" bezeichnet, denn nicht jeder stimmte mit ihren Idealen überein. Sie wurde für ihren Pazifismus, ihren Kampf um den Frieden und für ihre Einstellung, die USA solle nicht in den ersten Weltkrieg eintreten, verspottet und sogar verfolgt. Addams erhielt zeitweise ein staatliches Schreib- und Redeverbot (vgl. Lambers 2020: S. 178). Besonders während des Krieges erntete Jane Addams viel Kritik. Mit ihren pazifistischen Ansichten und für ihr Engagement für den Ausbau internationaler Beziehungen wurde sie scharf kritisiert (vgl. Eberhart 1995: 43). Addams wurde vorgeworfen, Mitglied der Bolschewisten zu sein (eine radikale russische Partei in den 90er Jahren) und somit als gefährliche radikale denunziert. Unter anderem wurde ihr Illoyalität vorgeworfen und dass sie die Kommunikation während des Bürgerkrieges in den USA fördern würde. Während Addams und Alice Hamilton Unterstützung erhielten im Hinblick darauf, in Deutschland Lebensmittel zu verteilen, da die Not und der Hunger zu dieser Zeit dort besonders schlimm waren, wurden sie dafür in den USA scharf kritisiert. Sie wurden als pro-deutsche und Verräter deklariert (vgl. Eberhart 1995: 45). Nicht nur, dass ihr Pazifismus kritisiert wurde, unterstütze sie zusätzlich Theodore Roosevelt bei seiner Wahlkampagne. Damit unterstützte sie, als selbsternannte Pazifistin den Bau von zwei Kriegsschiffen jährlich, den Ausschluss der schwarzen Mitglieder der Südstaatendelegation und den Ausbau des Panamakanals als maritimischer Machtbasis. Sie rechtfertigte sich zwar mit der Aussage, dass der Krieg weit entfernt sei und die ersten zwei Punkte unumgänglich notwendig wären, dennoch hat sie nicht im Sinne ihres pazifistischen Denkens gehandelt und sich somit selbst verraten (vgl. Addams 1907: 144).

5.1 Jane L. Addams eigene Zweifel

Obwohl Addams eine starke und unabhängige Frau war, hatte auch sie zeitweilen Zweifel an ihrer Arbeit. Sie war eine sehr reflektierte Frau und hinterfragte sich und ihre Arbeit immer wieder selbst durch Literatur und Gespräche. Durch die starke Kritik an ihrer Person zweifelte sie allerdings ihre Arbeit oftmals an. Sie ist jedoch der Meinung, dass bei einer Demokratie, jeder ein Recht auf freie Meinung hat, auch wenn das gegen die Meinung der Mehrheit geht. Addams meinte, dass „der Pazifismus dem menschlichen Instinkt, Abneigung und Misstrauen demjenigen entgegenzubringen, der in Zeiten der Gefahr eine andere Meinung vertritt als die der Masse widerspreche" (Eberhart 1995: 44).

In ihrem Werk „Peace and Bread in Time of War" zweifelte sie ihre eigene pazifistische Position an (vgl. Eberhart 1995: 44).

6. Eigenes Fazit

Ich denke, wir alle können Jane L. Addams dankbar sein. Sie ist aufgewachsen in einer Zeit der Not, des Hungers, des Krieges. Sie hatte zu kämpfen mit dem Stigma, dass Frauen an sich trugen und dass die Welt eine Welt des Hasses war. Sie hat all ihren Mut genommen und hat für unseren Frieden gekämpft. Addams hat es sich zur Aufgabe gemacht, ihr Leben denjenigen zu widmen, die nicht das Glück hatten in eine gute Familie geboren zu sein. Die nicht das Glück hatten, warmes Essen auf dem Tisch zu haben oder einen Zugang zur Bildung. Sie hatte es nicht nötig auf die Straße zu gehen und ihre Stimme zu erheben und ihre Stimme denjenigen zu geben, die es selbst nicht konnten, nach Gerechtigkeit und sozialer Ordnung zu verlangen. Doch sie hat es getan, sie hat gekämpft für eine bessere Welt. Damit Kinder in die Schule gehen, Väter bessere Arbeitsbedingungen haben, Frauen ein Recht auf Bildung und eine eigene Stimme haben, schwarze Menschen nicht mehr diskriminiert werden. Sie hat gekämpft für eine Welt, in der es keinen Krieg gibt, in der Ressourcen für die genutzt werden, die es brauchen und nicht um Macht zu erlangen. Addams war ihrer Zeit weit voraus. Sie hat für eine bessere Zukunft gelebt. Meiner Meinung nach ist Jane L. Addams heute noch ein großes Vorbild. Ihr Denken und ihr Handeln hat viele Menschenleben nachhaltig verändert und das Leben wie es damals war verbessert. Wenn viel mehr Menschen heute noch denken würden wie sie, wäre die Welt wahrscheinlich ein besserer Ort. Natürlich kann ich das nicht mit Gewissheit sagen, doch Addams Denken war revolutionär und hat meiner Meinung nach viel mehr Aufmerksamkeit verdient. Ich denke, dass die scharfe Kritik die Addams jahrelang über sich ergehen lassen musste, daran lag, dass die männlich-militärische Machstruktur auf der ganzen Welt nur schwer zu brechen war. Durch ihren Kampf um Frieden und somit gegen den Krieg, brachte sie viele Menschen gegen sich auf und wurde als radikale Pazifistin und Verräterin bezeichnet. Der Grund für das lange Verschwinden ihrer Werke aus der Literatur hat wahrscheinlich den Grund, dass Addams ihren Pazifismus teilweise verraten hat, durch ihre Unterstützung von Roosevelt und somit nicht für ihre Prinzipien einstand. Doch mit Genauigkeit kann das wahrscheinlich niemand so genau sagen. Für mich bleibt Jane L. Addams eine Pionierin der Sozialen Arbeit.

Literaturverzeichnis

Addams, J. (1907). *DEMOCRACY AND SOCIAL ETHICS.* New York: THE MACMILLAN COMPANY.

Addams, J. L. (1910). *Twenty years at Hull House.* New York: Macmillan.

Eberhart, C. (1995). *Jane Addams: Sozialarbeit, Sozialpädagogik und Reformpolitik, Gesellschaft, Erziehung und Bildung; 39 : Studien zur vergleichenden Sozialpädagogik und internationalen Sozialarbeit* (Vol. 9). (I. F. Hamburger, Ed.) Rheinfelden und Berlin: Schäuble Verlag.

Engelke, E., Borrmann, S., & Spatscheck, C. (2018). *Theorien der Sozieln Arbeit: Eine Einführung* (Vol. 7). Freiburg im Breisgau: Lambertus.

Lambers, H. (2020). *Theorien der Sozialen Arbeit.* Paderborn, München: UTB.

Staub-Bernsaconi, S. (1995). *Das sanfte Entschwinden einer Nobelpreisträgerin Sozialer Theorie und Arbeit: Die Gesellschafts- bzw. Friedenstheorie und -praxis von Jane Addams (1860-1935), in: Systemtheorie, Soziale Arbeit: lokal, national, international.* Bern; Stuttgart; Wien: Haupt Verlag.

BEI GRIN MACHT SICH IHR WISSEN BEZAHLT

- Wir veröffentlichen Ihre Hausarbeit,
  Bachelor- und Masterarbeit

- Ihr eigenes eBook und Buch -
  weltweit in allen wichtigen Shops

- Verdienen Sie an jedem Verkauf

Jetzt bei www.GRIN.com hochladen und kostenlos publizieren